$L_{n.}^{27}$ 4695.

Par le P. Menestrier

LA SOURCE GLORIEUSE
DU SANG
DE L'AUGUSTE MAISON
DE BOURBON
DANS LE COEUR DE SAINT LOUIS.

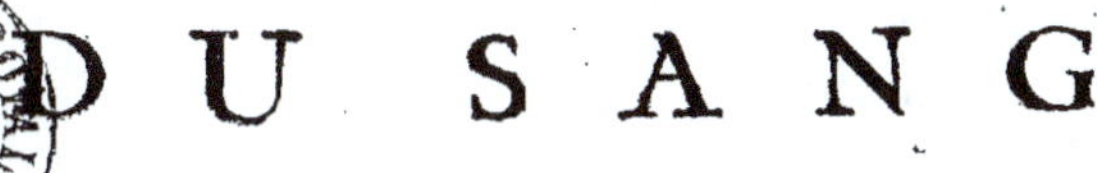

LA
SOURCE GLORIEUSE
DU SANG
DE L'AUGUSTE MAISON
DE BOURBON
DANS LE COEUR
DE SAINT LOUIS ROY DE FRANCE.

SUIET DE L'APPAREIL FUNEBRE

POUR

L'INHUMATION DU COEUR
DE TRES-HAUT, TRES-PUISSANT,

TRES-ILLUSTRE ET MAGNANIME PRINCE

LOUIS DE BOURBON
PRINCE DE CONDE'.

PREMIER PRINCE DU SANG.

A PARIS,

Chez ESTIENNE MICHALLET, ruë saint Jacques, à l'Image saint Paul, prés la Fontaine saint Severin.

M. DC. LXXXVII.
AVEC PERMISSION.

LE CŒUR
DE SAINT LOUIS,
LA SOURCE
DU SANG DE BOURBON·
SVJET DE L'APPAREIL.

E Cœur est la source de la vie, qu'il entretient dans toutes les parties du corps par une circulation reglée du sang & des esprits. Il distribuë à toutes ces parties ce sang & ces esprits par autant de canaux qu'il y a d'arteres & de veines.

C'est le Cœur de S. Loüis, qui est la source glorieuse du Sang de tous nos Princes. Vingt de nos Rois en sont sortis, & les branches Royales d'Orleans, d'Anjou, de Berry, d'Alençon, de Valois, de Bourgogne, de Bourbon, de Montpensier, de la Marche, de Vendôme, de Condé, de Soissons, & de Conty.

Le feu Prince de Condé qui avoit l'honneur de sortir de cette Source, a voulu que son Cœur retournast à saint Loüis, quand il a ordonné que ce Cœur, digne d'une telle Origine, fût mis auprés de celui de son illustre Pere Monseigneur HENRY DE BOURBON, Prince de Condé, dans une Eglise consacrée à S. Loüis par le Roy Loüis XIII. que ce Prince servit si glorieusement dans les guerres contre les Heretiques de Guienne & de Languedoc.

A

La Maison Professe des Jésuites, à qui cette Eglise de
S. Loüis est unie, reconnoit pour Fondateur le Cardinal
Charles de Bourbon, Frere d'Antoine Roy de Navarre,
& de Loüis de Bourbon, premier Prince de Condé. Ainsi
tout est Bourbon en cette Maison, comme le dit l'Inscription mise au dessus de la Porte, pour inviter à la Ceremo-
nie de cés Funerailles.

HAS ÆDES

BORBONIORUM PRINCIPUM

MUNIFICENTIA CONDITAS,

ET SERENISSIMI

LUDOVICI BORBONII

CONDÆI PRINCIPIS

ACERBO FUNERE

IN DOMUM LUCTUS CONVERSAS

INGREDERE VIATOR,

ET FUNDATORI CAROLO BORBONIO

OLIM PURPURATO ECCLESIÆ PRINCIPI

BENE PRECATUS,

CONDÆI PRINCIPIS

COR

PIIS ASPERGE LACRYMIS

ET ÆTERNAM QUIETEM ANIMÆ

VOTIS ET SUSPIRIIS APPRECARE.

C'est à dire :

Vous qui entrez dans cette Maison, qui est l'ouvrage de

3

*la magnificence des Princes de l'auguste race des Bourbons,
& que la mort du Prince de Condé vient de changer en une
maison de deuil ; aprés avoir beni la memoire du Cardinal
Charles de Bourbon, qui en a esté le premier Fondateur,
arrosez de vos larmes le Cœur du Prince de Condé, &
souhaitez à son ame un repos eternel par des prieres chrétiennes, par vos vœux & par vos soûpirs.*

Toute la grande face de l'Eglise est tenduë de noir
avec deux lez de velours chargez des armoiries du Prince,
& semez de larmes & de Fleurs-de-lys.

Trois Inscriptions sur le Manteau Fleurdelisé de premier
Prince du Sang, invitent à l'inhumation du Cœur du feu
Prince de Condé.

La premiere sur la porte du milieu est celle-cy :

SACRAM BASILICAM

LUDOVICO IX. GALLIARUM REGI

SANCTISSIMO

A REGE LUDOVICO JUSTO NEPOTE

POSITAM,

QUICUNQUE SUPPLEX INGREDERIS

LUDOVICO BORBONIO CONDÆO

PRIMO REGIÆ STIRPIS PRINCIPI

TUAS NE DENEGA LACRYMAS

ID UNUM EXPOSCIT TUIS AB OCULIS

COR

INVICTI PRINCIPIS

TUMULANDUM

A ij

Qui que vous soyez, qui entrez pour prier dans cette Eglise dediée à saint Louis Roy de France par le Roy Louis le Juste l'un de ses petits-fils, ne refusez pas vos larmes au defunt Prince de Condé; c'est ce qu'attend de vos yeux le Cœur de ce grand Prince, dont on fait icy les Funerailles.

Sur la Porte qui est sur la droite, & du costé de la Chappelle de Condé, où repose le Cœur du Prince, est cette autre Inscription.

LUDOVICI BORBONII

CONDÆI PRINCIPIS

ANIMÆ PLUSQUAM DIMIDIUM

SERVATE SUPERI

IN SUPERSTITE FILIO SERENISSIMO

HENRICO JULIO BORBONIO CONDÆO

NOMINIS AC DIGNITATIS HÆREDE,

QUI IN PARENTIS OPTIMI FUNERE

PRÆ ACERBITATE DOLORIS

PENE OBLITUS

SE FUISSE QUONDAM ILLIUS

COR AMANTISSIMUM

PRO UNO GEMINUM HIC DEDISSET TUMULO,

NISI VETARET PIETAS

TOTUM PARENTEM EXTINGUERE

QUEM NOBIS REDDITURUS EST REDIVIVUM

5

Puiſſances du Ciel, conſervez plus de la moitié du feu
Prince de Condé en la perſonne du Prince ſon fils, qui
dans l'excez de la douleur que luy a cauſé la perte d'un
ſi bon Pere, s'oubliant qu'il en avoit eſté le cœur, en au-
roit mis icy deux pour un dans le Tombeau, ſi la pieté
ne l'obligeoit de conſerver les reſtes pretieux de ce Prince,
qu'il fait déja revivre.

Sur la troiſiéme Porte les Peres de la Compagnie de
Jesus, à qui le feu Prince de Condé a fait l'honneur de
donner ſon cœur en mourant, invitent aux Ceremonies
des Funerailles de ce Cœur ceux qui ont quelque affe-
ction pour leur Compagnie, qui s'eſtime heureuſe aprés
avoir formé la jeuneſſe de ce Prince dans les Lettres &
dans les Etudes, & aprés avoir eu durant ſa vie l'honneur de
ſa protection, d'eſtre la depoſitaire de ſon Cœur dans une
Chappelle dédiée à ſaint Ignace Fondateur de cet Ordre.

LUDOVICO BORBONIO CONDÆO

PARENTAT HODIE NON SINE LACRYMIS

SOCIETAS JESU

INGENII EXCULTRIX, ET CORDIS HÆRES,

UTROQUE FELIX,

UTROQUE DIVES,

UTROQUE NOBILIS.

QUI OLIM GRATULATUS ES CULTURAM PRINCIPIS

JACTURAM DEFLE

SI PIUS ES.

A iij

La Compagnie de J E S U S *fait aujourd'huy les Funerailles de Louis de Bourbon Prince de Condé,* & *les larmes qu'elle répand, font connoiftre la perte qu'elle a faite en la mort de ce Prince, dont elle herite le cœur, aprés avoir cultivé fon Efprit; autant heureufe, autant illuftre,* & *autant bien partagée en l'un qu'en l'autre de ces avantages. Vous qui autrefois avez eftimé l'honneur qu'elle a eu d'élever ce Prince en fa jeuneffe, pleurez la perte qu'elle vient de faire fi vous avez de la pieté.*

La difpofition de l'Eglife reprefente la defcendance du Prince de Condé, de S. Loüis Roy de France, par Robert Comte de Clermont, & par les Princes de Bourbon, de la Marche, de Vendôme, & de Condé, qui font les veines & les vaiffeaux par lefquels le Sang de nos Rois a coulé jufqu'à lui.

Les Anciens ont toûjours reprefenté les degrez de ces defcendances par des cercles en forme de Couronnes, ce qui les fit nommer S T E M M A T A, c'eft à dire Couronnes; c'étoient par des branches d'arbres, que fe diftinguoit l'ordre des fucceffions & des generations pour la diverfité des branches. Tout cela s'eft obfervé en cette occafion, où chaque degré eft marqué par la Medaille d'or du Prince avec fa Legende.

Ces Medailles font liées par des Feftons de Lauriers & de Cyprés; & des enroulemens de Palmes tournez en Cœur, laiffent une table noire à recevoir des Infcriptions tirées des Livres facrez, qui font le caractere de chaque Prince en particulier, par rapport aux rares qualitez du Cœur du feu Prince de Condé.

La premiere Medaille, qui marque le premier degré de la defcendance du Prince de Condé, eft l'image de faint Loüis Roy de France, prife fur celle de la fainte Chapelle de Paris. Au lieu des Lauriers & des Cyprés qui lient les

autres ; elle eſt accompagnée de deux grandes tiges de Lys,
qui ont eſté chez les Romains les ſymboles des eſperances
publiques, & parmy nous les ſymboles de la gloire de la
France ; puiſque les plus beaux rejettons de ces Lys occu-
pent d'un coſté le premier Trône du monde, & de l'autre nous montrent une longue ſuite de Princes, qui font
nos plus belles eſperances. Cette Medaille de S. Loüis eſt
couronnée d'Etoiles, pour marquer la gloire dont il joüit
dans le Ciel, & la Couronne d'épines qui eſt au deſſous
fait voir que c'eſt par celle-cy qu'il a merité celle-la.

L'Inſcription enfermée dans les deux branches de Palmes tournées en Cœur, eſt tirée du Chapitre cinquantiéme
de l'Eccleſiaſtique.

IPSE STANS JUXTA ARAM:

CIRCA ILLUM STETERUNT

QUASI RAMI PALMÆ

OMNES FILII

IN GLORIA SUA.

*Il eſt ſur les Autels, & ſes enfans dignes de luy ſont
autant de Palmes qui le couronnent par leurs actions
glorieuſes.*

Ces paroles peuvent s'appliquer au defunt Prince de
Condé, dont le cœur eſt au pied des Autels en cette ce-
remonie, tandis que les trois illuſtres Princes qui ho-
norent ſes Funerailles de leur preſence, font la gloire de
ce grand Prince.

Leur deviſe eſt un Lys ouvert avec ſes trois maſſettes
d'or, & ces mots.

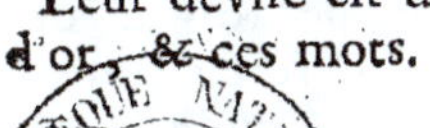

TRES UNO IN CORDE.

Trois unis en un mesme cœur.

Robert Comte de Clermont V. fils de saint Loüis, Chef de la Branche Royale des Bourbons : occupe la seconde Médaille avec ces mots que Tobie dit à l'Ange Raphaël.

EX MAGNO GENERE
ES TU

Vous sortez d'une race en grands Princes feconde.

Loüis I. du nom, Duc de Bourbon, qui fe trouva en tant de combats, & qui commanda fi fouvent nos armées, a pour devife au deffous de fa medaille ces mots du Pf. 21.

Si confiftant adverfum me caftra
non timebit cor meum.

Au milieu des dangers mon cœur eft intrepide.

C'eftoit le caractere du cœur du Prince de Condé, qui dés l'âge de dixhuit ans en donna dés marques fi éclatantes.

Pierre de Bourbon I. du nom, Gouverneur de Languedoc & de Bourgogne, fut choifi par le Roy Philippe de Valois, pour affifter Jean de France Duc de Normandie en la guerre de Bretagne & de Guienne, fe trouva aux batailles de Crecy & de Poitiers, aprés avoir efté député pour traiter la paix avec Edoüard troifiéme Roy d'Angleterre. Le caractere de fon cœur fut d'eftre également fage & vaillant auffi-bien que le Prince de Condé. C'eft ce que difoient ces paroles du 9. de Job.

Sapiens

Sapiens corde, & fortis robore.

Heros, dont la sagesse égaloit la valeur.

Loüis II. surnommé le Bon, qui fit de si belles actions en Guïenne, en Afrique, en Espagne & en Flandres, & qui soûtint si vigoureusement les interests du Roy, & de la Maison d'Orleans contre les factions du Duc de Bourgogne.

**Sagittæ tuæ acutæ
in corda inimicorum Regis.** *Ps.* 44.

Aux ennemis du Roy redoutable ennemy

Jacques de Bourbon, Comte de la Marche, Connestable de France, qui arréta Charles II. Roy de Navarre, se trouva à la bataille de Crecy, & à celle de Poitiers, fut blessé à mort au combat de Brignais, & mourut à Lion de ses blessures.

**Dextera tua magnificata est
in fortitudine.**

Vos belles actions vous ont fait de l'honneur.

Jean de Bourbon, Comte de la Marche, Pere de Louis de Bourbon Comte de Vendosme, dont descendent nos Rois, & la Maison de Condé, & Charlotte de Bourbon l'une des plus belles Princesses de son temps, qui fut Reine de Chypre,

**Reges de lumbis tuis
egredientur**

Qu'un jour de vostre Sang il sortira de Rois !

B

Louis de Bourbon Comte de Vendôme, Grand Chambellan, & Grand Maiſtre de France, ſervit au ſiege d'Orleans, aſſiſta au Sacre de Charles VII, fit lever le ſiege de Compiegne, & fut preſent au Traité de Paix.

Dedit illi Dominus
contra inimicos potentiam,
Et in celebrationibus decus

Il fut grand dans la paix, & redoutable en guerre.

Jean de Bourbon Comte de Vendôme ſe trouva aux ſieges de Roüen, & de Bourdeaux, & à celuy de Fronſac, où il fut fait Chevalier, & ſuivit le Roy Loüis XI. à la bataille de Montleri.

In Filiis ſuis agnoſcitur.

Son Sang a conſervé la gloire de ſon Nom

Ce Prince commence les ſeize quartiers de Henry IV. dont il fut le Triſayeul. il mourut le jour des Rois l'an 1447. & nos Rois font revivre glorieuſement ſon nom dans les degrez de leur origine ; & comme ces degrez font de huit, de ſeize, de trente-deux, de ſoixante-quatre, & de cent vingt-huit quartiers ; Jean de Bourbon eſt à la teſte des huits quartiers d'Antoine Roy de Navarre, & de Louis premier Prince de Condé ; à la teſte des ſeize de Henry le Grand, & de Henry de Bourbon Prince de Condé I. du nom ; à la teſte des trente du feu Roy Loüis XIII, & de Henry de Bourbon Prince de Condé deuxiéme du nom : à la teſte des ſoixante-quatre du Roy, & des ſoixante-quatre du feu Prince de Condé ; à la teſte des cent vingt-huit de Monſeigneur, & des cent vingt-huit de Monſieur le Prince d'apreſent, comme il eſt à la teſte des deux cent cinquante-ſix de M. le Duc de Bourgogne, & des deux cent cinquante-ſix de M. le Duc.

François de Bourbon Comte de Vendôme accompagna
Charles VIII. à la conqueste de Naples. Sa Maison luy doit
la plûpart de ses biens par le mariage qu'il contracta avec
Marie de Luxembourg, Comtesse de saint Paul, veuve
de Jacques de Savoye; car ce mariage fit entrer dans sa
Maison les Comtez de saint Paul, de Converſan, de Mar-
les, de Soiſſons, la Vicomté de Meaux, Graveline, Dun-
querque, Ham, la Roche, Enghien, Bohaim, Beaure-
voir, & la Chaſtellenie de l'Iſle.

Sapientia ædificabitur domus,
& prudentia roborabitur. *Prov.* 24.

Sa Maiſon doit beaucoup à ſa ſage conduite.

Charles de Bourbon Comte de Vendofme, Pere d'Antoine de Bourbon Roy de Navarre, de qui deſcendent nos
Rois, & de Loüis de Bourbon premier prince de Condé.

Pro Patribus tuis
nati ſunt tibi filii;
Conſtitues eos Principes. *Pſ.* 43.

Vos enfans ont repris les places de vos Peres ;
D'eux deſcendent nos ſouverains ;
Par vous de leurs Ayeux les biens hereditaires
sont revenus entre leurs mains.
De nos Lys renaiſſans vous reprenez la tige,
Toute la race de Bourbon,
Dont le Chef aujourd'huy du monde eſt le prodige,
Vous doit la gloire de ſon nom.

Le Cardinal Charles de Bourbon qui fut fils de ce Charles Duc de Vendôme, & frere d'Antoine Roy de Navar-

re, a sa Medaille ensuite en qualité de Fondateur de cette Maison, avec ces mots du chap. 8. du Livre 3. des Rois.

Quod cogitasti in corde tuo
ædificare domum nomini meo,
bene fecisti.

C'est ce que Dieu dit autrefois à Salomon.

Quand vous avez eû la pensée de bâtir en mon nom une maison, & de la consacrer à mon service, vous avez eu une sainte pensée. 3. Reg. 8.

Le feu Roy Loüis XIII. a aussi sa Medaille comme Fondateur de l'Eglise dédiée à saint Loüis avec ces mots du chapitre 50. de l'Ecclesiastique.

Templi altitudo ab ipso fundata est

De cet auguste Temple il est le Fondateur.

Henry de Bourbon Prince de Condé a la sienne dans la Chappelle de Condé du côté de la figure de la Religion, où repose son cœur. Le mot du Chapitre 7. de Job regarde également ce Prince, & le Prince de Condé son fils, qui a voulu que son cœur fût mis auprés de celuy de ce Prince son Pere, dont on peut dire qu'il fait la plus grande gloire, comme Henry de Bourbon a fait par sa pieté la gloire de S. Loüis.

Magnificas eum,
& apponis erga eum cor tuum.

Vous avez fait sa gloire, & vous futes son cœur.

Enfin la derniere Medaille est celle de Loüis de Bourbon Prince de Condé, pour qui se font ces Ceremonies. Ces paroles du chapitre 22. de saint Luc font voir la disposition qu'il a faite de son cœur, en le donnant aux peres de la Compagnie de Jesus.

Et ego dispono vobis
sicut disposuit Pater.

Ie vous donne mon cœur comme il donna le sien.

A l'Autel on voit dans un bas relief de bronze JESUS-CHRIST dans sa gloire au milieu des Saints, & saint Loüis prosterné devant le Thrône du Dieu vivant, pour luy offrir non seulement son Sceptre & sa Couronne, mais encore tous les cœurs de ses descendans, ce qu'il exprime par ces mots du Prophete selon le Cœur de Dieu.

Deus cordis mei.

Vous estes le Dieu de mon cœur.

Le Cœur n'est pas seulement la source du sang qui coule dans toutes les veines, il est aussi la source des esprits, & le siege des passions, qui sont le fond sur lequel travaillent toutes les vertus. Ainsi outre les Medailles des Princes de la Maison de Bourbon, qui marquent la descendance du feu Prince de Condé, on a representé ses vertus & les qualitez de son Cœur, par autant de figures de Bronze, qui expriment la solidité de ses vertus, & de ses qualitez heroïques.

La grandeur de son Cœur est representée par une Femme armée qui s'appuye sur un Bouclier, comme seure d'elle-même : Elle répand des Tresors & des Richesses, qui sont des effets de l'abondance de ce Cœur, comme le disent ces paroles.

Ex abundantia Cordis.

On n'a guere vû de Cœur aussi grand que celuy
de ce Prince.

L'Application de ce Cœur toûjours occupé, & toûjours agiſſant avec ſageſſe, ſe voit en une autre Figure qui tient un Miroir qu'elle regarde pour ſe connoiſtre elle-même. Un cœur qui ſe connoit ainſi, ſepoſſede toûjours luy-même, & il eſt ferme en ſes reſolutions. C'eſt ce que diſent ces mots du Sage.

Cor confirmatum in cogitatione conſilii.

Son Cœur s'eſt affermy par de ſages conſeils.

La Magnanimité qui eſt le caractere d'un cœur ardent, genereux, vif, prompt à executer de grandes choſes, eſt repreſentée par l'image même de la Valeur, mais d'une valeur, ſage, prudente, & appuyée ſur l'autorité que luy donnent la Naiſſance, le Rang, & une longue experience. Elle eſt armée avec une haſte ſemblable à celle que les Anciens donnoient à leurs Divinitez dans leurs Medailles : un Serpent, ſymbole de la prudence, eſt entortillé à cette haſte, la Figure eſt aſſiſe, & par cette diſpoſition elle exprime la tranquillité, & le ſens froid avec lequel on voyoit agir le Prince de Condé dans ſes plus chaudes entrepriſes.

La Reſolution eſt repreſentée par une Femme délibe-rée, qui tient d'une main la Balance, & de l'autre une Epée nuë.

Fortiſſimus cujus cor eſt quaſi Cor Leonis.
2. Reg. 12.

Son Cœur dans les combats fut un cœur de Lion.

Quelque avantageuſes que ſoient ces qualitez & ces habitudes du cœur, en voicy de plus chrétiennes. C'eſt la preparation à la Mort, la Penitence, la Pieté, la Re-ligion, l'Eſperance chrétienne, & la victoire de ſoy-même.

La Penitence est representée par un David pleurant, avec ces mots du Pseaume 50.

Cor mundum crea in me Deus.

J'attens de vous, Seigneur, un Cœur digne de vous.

La preparation à la mort est figurée par une Femme assise, envelopée dans un Manteau qui la couvre, & fortement attachée des yeux sur une Croix & une teste de mort ; elle s'excite à la douleur de ses fautes par la pensée de sa derniere heure, & par le souvenir des choses que le Fils de Dieu a faites pour nous, avec ces mots du Pseaume 12.

Ponam consilia in anima meâ, dolorem in corde meo.

Plein d'une vive foy je mourray penitent.

La Victoire de soy-même si necessaire à la penitence, pour faire triompher la Grace, tient les Palmes & les Couronnes sur lesquelles elle pleure ; parce que c'est par nos larmes que nous obtenons du Ciel le don de nous vaincre nous-mêmes. Ces paroles du Chapitre 16. des Proverbes font entendre à tous ceux qui sont penetrez des veritez de la Foy, & des maximes du Christianisme, que le Prince de Condé a paru plus grand les deux dernieres années de sa vie, quand il se preparoit à mourir chrétiennement, que quand il prenoit des Villes, & faisoit trembler les Ennemis.

Melior est qui dominatur animo suo expugnatore Urbium.

Que de rudes combats pour se vaincre soy-même.

La Religion tient un Livre fermé, fur lequel eft fa figu-re d'un Temple. La foy du Prince de Condé, fes lumieres, & fes connoiffances eftoient le fondement des fentimens de Religion que fon Cœur a toûjours confervez. Jamais Prince n'a efté mieux inftruit de nos myfteres, fur lefquels il avoua un peu devant que de mourir qu'il n'avoit jamais fouffert la moindre difficulté, eftant tres-perfuadé de leur verité. C'eft ce qui a fait dire au Sage, que la Religion fait le repos & la perfection du cœur.

Religiofitas cuftodiet, & juftificabit Cor. *Eccli.* 1.

Vn Cœur religieux eft toûjours en repos.

La pieté qui eft un effet de la Religion, a paru dans les difpofitions avec lefquelles le Prince de Condé receut les derniers Sacremens de l'Eglife pour fe preparer à la mort.

Dominus aperuit cor. *Act.* 16.

La grace du Seigneur a penetré mon ame.

L'Efperance chrétienne, & la confiance aux merites de Jesus-Christ, eft reprefentée par une Femme qui leve les yeux vers le Ciel, s'appuyant fur la Croix, avec ces mots du Pfeaume 127.

In ipfo fperavit cor meum.

Mon cœur efpere en luy d'une ferme efperance.

Ces difpofitions d'un Cœur vrayement Chrétien, font les marques les plus fenfibles de la Predeftination, qui fait le bonheur des hommes. Cette Predeftination eft fur le fronton du Maiftre Autel, écrivant les noms des Elûs dans le Livre de vie.

C'eft

C'eſt dans nôs cœurs que la Providence a gravé cette douce confiance, que nous ſommes du nombre des Pre-deſtinez, pour exciter nôtre zele à répondre aux ſaintes intentions que Dieu a de nous ſauver, ſi nous voülons nous ſervir des ſecours & des lumieres qu'il nous offre. C'eſt ce que diſent ces paroles de S. Paul aux Corinthiens.

Scripta Spiritu Dei vivi
In tabulis cordis.

L'eſprit du Dieu vivant la grave dans nos cœurs.

Au coſté de cette Figure ſont les deux merveilles de la Grace en deux Rois de la Maiſon de France : L'un juſte & fidele à Dieu durant tout le cours de ſa vie, c'eſt S. Loüis. L'autre Penitent ſur la fin de ſes jours, c'eſt Charlemagne. A coſté de l'un on lit cet avis du Sage aux Ames juſtes.

Qui timetis Dominum
Diligite illum
Et illuminabuntur corda veſtra.

Vous qui craignez le ſeigneur, aimeꝫ le, & vos cœurs
ſeront éclaireꝫ de ſes lumieres.

De l'autre coſté ſont ces autres paroles du meſme Oracle.

Qui timent Dominum præparabunt corda ſua,
& in conſpectu illius ſanctificabuntur.

Ceux qui craignent Dieu prepareront leurs cœurs, &
ſeront ſanctifieꝫ par ſa divine preſence.

C

Un grand Dais couvre toute la Chapelle où repose le cœur du Prince, & ses grandes pentes de Fleurs-de-Lys bordées d'Hermines, font attachées aux quatre coins par quatre figures de Bronze qui representent quatre circonstances de la Mort Chrétienne du Prince de Condé, la connoissance de sa fin, de ses pechez, de la Justice de Dieu, & de l'Eternité.

Deux Devises marquent dans le même endroit la disposition qu'il a faite de son Cœur, en le donnant aux Peres de la Compagnie de Jesus.

La premiere de ces Devises est une Grenade ouverte, avec ces mots.

Societas Cordi est.

Mon Cœur est tout entier à la societé.

La Grenade qui a la figure d'un grand Cœur, n'a de capacité dans ce Cœur que pour enfermer une multitude prodigieuse de grains.

La seconde Devise est la mesme Grenade, avec ces mots.

Pro uno mille.

Mille en un, & mille pour un.

Par ces paroles les Peres Jesuites assurent que le Prince de Condé vivra dans leurs cœurs ; & que pour le cœur qu'il leur a donné, ils luy en devoüent dix mille.

PERMISSION.

PErmis d'imprimer. Fait ce vingtiéme Avril mil six
cens quatre-vingts-sept.

          DE LA REYNIE.